Inhalt

Podcasting - das Radio der Zukunft

Kernthesen

Beitrag

Fallbeispiele

Weiterführende Literatur

Impressum

Podcasting - das Radio der Zukunft

M. Westphal

Kernthesen

- Podcasting wird als der neue Hype der Medienwelt angesehen.
- Podcasting ist das Radio des 21. Jahrhunderts und macht jeden zu seinem eigenen Intendanten.
- Es entwickeln sich bereits attraktive Geschäftsmodelle, die sich an den Erfahrungen der Web-Blogs orientieren.

Beitrag

Podcasts stellen ein zeitversetztes Radioprogramm dar, dessen Sendungen nicht live gestreamt, sondern auf einem Server zum Abruf bereit liegen und das in der Regel als MP3-Dateien.

Podcasting macht jeden Internet-Nutzer zum Intendanten seines eigenen Radioprogramms

Der Begriff Podcast ist eine Verbindung aus den Wörtern iPod und Broadcast. Er beschreibt eine Technik, die eine im Internet gestreamte Radiosendung automatisch im Abonnement als MP3-Datei auf einen Rechner lädt. Die Länge und der Inhalt der Sendung können sehr unterschiedlich sein. (2)

Podcasting macht außerdem jeden Internet-Nutzer zum Intendanten seines eigenen Radioprogramms. Er benötigt nur einen PC mit Soundkarte, Webspace, Zeit und die frei erhältliche Software. (8)
Praktisch kann jetzt jeder Internet-Nutzer zu Hause Radiosendungen produzieren und diese auf seine Webseite stellen. Damit ist es eigentlich nicht mehr als Bürgerfunk, der schon im Fernsehen als Offener Kanal bekannt war, mit digitalen Mitteln. (2)

Es gibt für jeden, der Podcasts selbst erstellen will etliche Web-Seiten, die kostenloses Sendematerial bereitstellen. So kann unter Archive.org nach kostenlosen Songs verschiedener Genres gefahndet werden. Für Privatleute stellt die BBC (dort heißt es Backstage.BBC.co.uk und stellt nach Ansicht von BBC ein Modell für den öffentlichen Rundfunk des 21. Jahrhunderts dar) einige Musik- und Radio-Feeds zur freien Verwendung bereit. Einzige Bedingung für die Nutzung der meisten dieser kostenlosen Sendeinhalte ist die nicht-kommerzielle Nutzung und die Nennung der jeweiligen Quelle. Für die Aufnahme eigener Beiträge via Mikrofon oder aber die Bearbeitung von Fremdbeiträgen bietet sich der Musikeditor Audacity an. (8) (12)

Die zum Herunterladen der Podcasts benötigten speziellen Clients, die Podcatcher, gibt es inzwischen für nahezu alle Plattformen und normalerweise auch kostenfrei, da sie als Open-Source-Software als Freeware vertrieben werden. Die bekanntesten Programme sind iPodder, iPodderX, dopplerradio, Nimiq und jPodder. (8)

Der Name Podcast ist allerdings etwas irreführend, weil ein Podcast nicht unbedingt auf einem iPod angehört werden muss. Er kann auf jedem mit dem Internet verbundenen Rechner, auf dem entsprechende Software geladen ist, übertragen werden. (2)

Die Idee des Podcastens entstand schon vor fünf Jahren

Der ehemalige MTV-Moderator Adam Curry kann als Vater des Podcasting bezeichnet werden. Auf seiner Web-Seite waren schon vor Jahren Anekdoten über Rock- und Popstars hinterlegt. Ihn störten aber immer die langsamen Downloadzeiten der MP3-Dateien und insbesondere von Filmdateien. Vor fünf Jahren sprach er mit dem Programmierer Dave Winter über Möglichkeiten, Daten nachts auf die ungenutzten Rechner zu überspielen. Winter als Entwickler von RSS (Really Simple Syndication), welches Zusammenfassungen von Web-Seiten in Form von Schlagzeilen ermöglicht, erweiterte sein RSS, damit auch Audio- und Videodateien in den Informationsfluss eingebunden werden konnten. Erst im Sommer 2004 arbeitete Curry weiter an seiner Idee. Er begann mit der Programmierung der Software, die ihm ermöglichen sollte, regelmäßig über abonnierte RSS-Feeds neue Podcasts abzurufen und diese sofort als MP3-Dateien auf die Festplatte zu laden. So wollte er sich einen Ersatz für einen digitalen Radioempfänger schaffen, um die Podcasts regelmäßig unterwegs hören zu können. Die Software, die er iPodder nannte, gab er als Open Source frei, um professionelle Programmierer an den Verbesserungen arbeiten lassen zu können und auch andere

Betriebssystem-Plattformen wie Linux, Windows, Smartphones und Pocket PCs zu integrieren. Allerdings ist diese iPodder-Software inzwischen nahezu obsolet, da sie in der aktuellen iTunes-Software enthalten ist. (2)

Aus technischer Sicht ist ein Podcast mit einem RSS-Feed der zweiten Version zu vergleichen. Es ist somit eine XML-Datei, die von Newsreadern gelesen werden kann. Eine solche RSS-Datei ist vergleichbar mit einem Container, in welchem Schachteln mit verschiedenen Informationen gestapelt werden. Jede dieser Schachteln erhält ihr eigenes Etikett, mit dem Titel, einer kurzen Beschreibung und dem Link zu der entsprechenden Datei. (8)

Die Medienwelt will an den winkenden kommerziellen Erfolgen des Podcasting partizipieren

Die Medienwelt sieht im Podcasting einen Hype, der inzwischen sogar das Thema Bloggen aus den Schlagzeilen verdrängt. Die ungeheure Popularität der so genannten Blogs, also Online-Tagebücher, mit denen jeder sein eigenes Nachrichtenforum betreiben kann, erwischte die etablierten Medien noch eiskalt. Die Medienindustrie versucht jetzt beim Podcasting, rechtzeitig mit eigenen Materialien, den Boom für sich auszunutzen. Angeheizt wurde die Euphorie, als Apple mit seinem letzten Update zur iTunes-Abspielsoftware in der Version 4.9 ein bequemes und direktes Laden der Podcasts auf die Rechner ermöglichte. Apple möchte damit Podcasts für die breite Masse attraktiv machen und sieht in ihnen die nächste Generation des Radios und bietet bereits Zugang zu mehr als 3 000 kostenlosen Audioprogrammen. (2) (3)

Zumindest in den USA bietet inzwischen nahezu jedes Medienunternehmen eigene Podcasts an. Zwar kann man bisher mit diesen Podcasts trotz ihrer wachsenden Popularität noch kein Geld verdienen, aber Unternehmen wie Disney, Newsweek oder das öffentlich-rechtliche National Public Radio (NPR) wollen sich rechtzeitig positionieren. (3)

Der Markt für Podcasting wird aber nicht nur durch die Medienindustrie kommerzialisiert

Schon kämpfen einige Player um den Platz im

Rampenlicht des Podcasting. So hat Evan Wiliams die Plattform odeo.com gegründet, auf der er Podcasts nach Themenbereichen sortiert (von Kunst über Politik bis Sex und Technik) anbietet. Williams, der Gründer von blogger.com, welches er vor drei Jahren an Google verkauft hat, ist sicher, dass bald auch mit der neuen Plattform Geld zu verdienen ist. (3)

Ein noch bestehendes Problem für die breite Popularität der Podcasts besteht darin, dass es sich derzeit meist noch um Wortbeiträge handelt. Aufgrund der schwierigen Lizenzpolitik finden sich bisher selten Musik-Podcasts. Sobald aber auch Musik legal in Tondateien integriert werden kann und die Bezahlung der Musiker gewährleistet ist, wird eine Explosion der Podcasts vorausgesagt. (3) Sobald Podcasts auch in ordentlicher Tonqualität angeboten werden können, werden Podcaster auch bereit sein, dafür Geld auszugeben. So vertreibt Matt Galligan unter dem Podcast The Spotlight Musik von noch eher unbekannten Künstlern und setzt dabei auf gute Audio-Qualität. (3)
Sobald jemand die Musikrechte für Podcasting bekommt, wird dieses Medium durchstarten. (3)

Die Blogger-Community beweist, dass auch Podcasting ein für viele Anbieter attraktives Geschäftsmodell darstellen kann. So können heute bereits Kleinstverleger vom bloggen leben wie dieses die Szene in den USA beweist. Ein ideales Finanzierungsmodell ist vergleichbar mit dem, mit dem Google bereits die Hälfte seines Umsatzes bestreitet. Die Sortierung in Themen ermöglicht zielgruppenaffine Werbeplattformen, für die die Werbetreibenden, sobald relevante User-Zahlen generiert werden, bereit sein werden zu zahlen. So hat Weblogs Inc. 70 Journale zu Autos, Babypflege oder aber Computern im Programm, die mehr als 40 Millionen monatliche Seitenabrufe generieren. (11)

Für die werbetreibende Industrie ist Podcasting interessant. Vorteil der Podcasts für Werbekunden ist die Möglichkeit der sehr gezielten Zielgruppenansprache, denn Podcasts sind großenteils etwas für Nischenmärkte. (3)

Konkurrenz für Podcasts

Da Podcasts aufgrund der noch ungeklärten Musikrechte bisher vor allem auf Sprachbeiträge fokussiert sind, orientieren sich Radiosender langfristig an der Mobilfunkbranche, um ihre Programme zu senden. So hat im Juni das Berliner Internetradio Motor FM angekündigt, sein Programm via UMTS auf Handys zu übertragen. Der Testbetrieb hierzu startet im Juli. Motor FM sieht die UMTS-

Variante als Live-Erlebnis für den Hörer, wohingegen ein Podcast nur ein Polaroid sei. Auch Samsung erwartet für sein Handygeschäft die Fähigkeit, Musik abspielen zu können als wesentlichen Trend und möchte demnächst ein Gerät auf den Markt bringen, welches 700 Songs auf seiner Festplatte speichern kann. (7)

Fallbeispiele

Einer der ersten deutschen kommerziellen Anbieter, der Podcasts anbietet ist das Handelsblatt, welches so sein bisheriges Audioangebot erweitert. Die Hörer können ihre Audiokanäle individuell zusammenstellen, die dann automatisch auf ihre MP3-Player übertragen und jederzeit angehört werden können. Es muss nur der Handelsblatt-Kanal im MP3-Player ausgewählt und dann kostenfrei abonniert werden. (4)

Der Radiosender Sundance, der von NBC Universal, Robert Redford und Showtime Networks gemeinsam geführt wird, will Teile seiner Sendeinhalte auf der iTunes-Seite von Apple zum Download zur Verfügung stellen. Dafür haben Apple und Sundance eine

Partnerschaft geschlossen, die Apple eine exklusive Partnerschaft für iTunes erschließt und damit auch den Startschuss darstellt, diese Plattform um Podcasting-Inhalte zu erweitern. (5)

Das Musiklabel tonAtom veröffentlicht mittels Podcasting seine Neuerscheinungen und nutzt dieses Medium somit zum Musikvertrieb. (8)

Die Online-Enzyklopädie Wikipedia gleicht ihre Einträge mit den Podcast-Artikeln der BBC ab und fügt bei Bedarf entsprechende Erklär-Links in den Nachrichtentext ein. (12)

Der Kondomhersteller Durex hat für die Vermarktung seiner Produkte eine neue Plattform entdeckt. So hat Durex vor kurzem einen Product-Placement-Vertrag mit der Online-Comedy-Show The Dawn and the Drew Show geschlossen. Die beiden Hauptdarsteller der Show testen z. B. die aktuellen Geschmacksrichtungen der Durex-Kondome. Damit kann Durex die relevante Zielgruppe der 18- bis 24-jährigen deutlich besser als mit traditionellen Werbemedien erreichen, da diese Zielgruppe mehr Zeit online als vor dem Fernseher verbringt. Außerdem kann Durex so die Anstandsregeln der Federal Communications Commission (FCC) umgehen. Die FCC kann jede Art von Werbung, die schlüpfrig erscheint aus den traditionellen Medien verbannen. (13)

Auch professionelle Marketing- und Kommunikationsagenturen integrieren Blogs, Podcasts und Mobile Marketing in ihre Kommunikationsstrategien. So analysiert und überprüft die Agentur Ketchum mit ihrem neuen Programm Ketchum Personalized Media Themen-Blogs, RSS-Feed-Konzepte und Podcast-Pressemiteilungen in ihrem Programm, um ihre Kunden entsprechend zu beraten. (10)

Niemand ist heute mehr bereit, seinen Tagesablauf einem Programmschema der TV- und Radioanstalten zu unterwerfen. Diese Tatsache machte sich im vergangenen Herbst der Journalist Wolfgang Harrer anlässlich der US-Wahlen zu nutze. Der deutsche Podcasting-Pionier berichtet damals für die Deutsche Welle und ZDF-Online regelmäßig aus den USA. Seine US-Wahl-Podcasts hatten unerwartet hohe Zugriffszahlen und auch sein Nachfolge-Podcast, der ZDF Tsunami-Blog ist inzwischen für den Grimme Online-Award nominiert worden. (9)

Weiterführende Literatur

(1) Stirnrunzeln über Podcasting, Phishing und RSS. aus Neue Zürcher Zeitung, 29.07.2005, Nr. 175, S. 11

(2) Dauerer, Verena, Laber mich nicht voll, Spiegel Online, 28.07.2005
aus Neue Zürcher Zeitung, 29.07.2005, Nr. 175, S. 11

(3) Sandoval, Greg, Auf der Lauer, Spiegel Online, 27.07.2005
aus Neue Zürcher Zeitung, 29.07.2005, Nr. 175, S. 11

(4) Handelsblatt bietet kostenloses Podcasting
aus horizont.net vom 21.07.2005

(5) USA//Apple/Sundance iTunes schickt eine Radioversion ins Rennen
aus Der Kontakter Nr. 27 vom 04.07.2005 Seite 039

(6) Apple: Eine Million Fans abonnieren "Podcast"
aus Hamburger Abendblatt, 02.07.2005, Nr. 152, S. 19

(7) Apple senkt erneut Preise für iPods US-Konzern reagiert mit Rabatten und neuen Angeboten auf den zunehmenden Wettbewerb im Geschäft mit digitaler Musik
aus Financial Times Deutschland vom 30.06.2005, Seite 5

(8) Audio-Inhalte online bereitstellen und empfangen
aus c't - Magazin für Computertechnik, 14/2005, S. 172

(9) Auf der iPod-Welle Die Renaissance des Radios kommt aus dem Internet. Podcasts werden professioneller. Der erste Preis winkt

aus taz, 24.06.2005, S. 18

(10) Ketchum startet Service rund um Blogs, RSS und Podcasts
aus <e>MARKET Webmagazin vom 16.06.2005

(11) INTERNET Rebellen mit gutem Grund
aus FOCUS, 13.06.2005; Ausgabe:24; Seite:094-097

(12) Seidler, Christoph, Revolution im Auftrag ihrer Majestät, Spiegel Online, 02.06.2005
aus FOCUS, 13.06.2005; Ausgabe:24; Seite:094-097

(13) USA//Durex Podcast-Werbung liegt im Trend
aus Der Kontakter Nr. 21 vom 23.05.2005 Seite 011

Impressum

Podcasting - das Radio der Zukunft

Bibliografische Information der deutschen Nationalbibliothek

Die Deutsche Nationalbibliothek verzeichnet diese Publikation in der deutschen Nationalbibliografie; detaillierte bibliografische Daten sind im Internet über http://dnb.d-nb.de abrufbar.

ISBN: 978-3-7379-0308-0

© 2015 GBI-Genios Deutsche Wirtschaftsdatenbank GmbH, Freischützstraße 96, 81927 München, www.genios.de

Alle Rechte vorbehalten. Dieses Werk ist einschließlich aller seiner Teile – z.B. Texte, Tabellen und Grafiken - urheberrechtlich geschützt. Jede Verwertung außerhalb der Grenzen des Urheberrechtsgesetzes bedarf der vorherigen Zustimmung des Verlags. Dies gilt insbesondere auch für auszugsweise Nachdrucke, fotomechanische Vervielfältigungen (Fotokopie/Mikroskopie), Übersetzungen, Auswertungen durch Datenbanken oder ähnliche Einrichtungen und die Einspeicherung und Verarbeitung in elektronischen Systemen.